AF359629

MARIE ADOLESCENTE

DANS

LE TEMPLE DE JÉRUSALEM

PARIS. — IMP. V. GOUPY ET C°, RUE GARANCIÈRE, 5.

MARIE ADOLESCENTE

DANS LE

TEMPLE DE JÉRUSALEM

—⟨∞⟩—

PETIT DRAME BIBLIQUE

EN TROIS ACTES

COMPOSÉ D'APRÈS LE LIVRE DE *MATER ADMIRABILIS*

DE L'ABBÉ MONNIN

> C'est une pieuse pensée d'avoir repré-
> senté la T.-S. Vierge à un âge où elle
> semblait être oubliée.
> (PAROLES DE SA SAINTETÉ PIE IX,
> le 20 octobre 1846, à la Trinité-du-Mont.)

— ⟨∞⟩ —

AD MAJOREM MARIÆ GLORIAM

— ⟨∞⟩ —

PARIS

CHARLES DOUNIOL, LIBRAIRE-ÉDITEUR

29, RUE DE TOURNON

—

1864

PROLOGUE

Le sujet de cette petite scène biblique est fondé sur la tra-
dition, qui nous apprend que, pendant son séjour dans le
temple, Marie excita la jalousie de ses compagnes. Notre but
principal a été de représenter la Vierge Immaculée se livrant,
dans l'ombre, aux humbles occupations des filles du Temple.

La scène s'écoule entre les dernières heures de la vigile
de la fête des Expiations, et le commencement de cette solennité très-sainte chez les Juifs, car c'était le seul jour dans
l'année où il fût permis au grand prêtre d'entrer dans le
Saint des Saints.

L'intéressant livre sur *Mater admirabilis*, de M. l'abbé
Monnin, a été la source des pieux détails que l'on trouvera
versifiés dans ce petit drame.

Il ne faut point chercher, dans ce travail, les inspirations
de l'art, mais celles de la foi ; et notre dessein, en le dédiant
aux jeunes filles élevées dans les pensionnats, a été uniquement
de nourrir leur piété, et de présenter à leur imitation
les vertus que la Vierge adolescente a pratiquées à leur âge.
Des représentations scéniques, offrant un moyen efficace de
graver de profondes impressions dans les esprits, nous avons
choisi cette forme spéciale, en faisant abstraction de toute
prétention et de toute sanction littéraire. S'il nous était permis de faire revivre une ancienne dénomination, nous aurions

donné volontiers à cette œuvre modeste le titre de *Mystères de Marie au Temple;* car elle nous a été dictée par le même sentiment de pieuse vénération qui, dans les siècles de foi, inspirait à nos pères la pensée de représenter d'une manière sensible les mystères de leur croyance.

PERSONNAGES

MARIE IMMACULÉE, costume exact du tableau de *Mater Adm.*,

ANNE LA PROPHÉTESSE, maîtresse des jeunes filles de Sion; costume grave.

SUZANNE,
ESTHER,
SARA,
RACHEL,
JUDITH,

Filles de Sion, élevées dans le Temple; pour costume l'uniforme du pensionnat, en y ajoutant un long voile blanc, posé comme celui de Marie.

CHŒUR composé de filles de Sion; même costume.

TROIS LÉVITES, robe blanche imitant l'éphod, casque doré.

La scène se passe au Temple de Jérusalem, dans l'habitation réservée aux vierges [1].

---

[1] Voir le livre de *Mater admirabilis*, le passage : *Quel était le lieu habituel de la prière de Marie*, IIe partie, 17e jour.

ACTE PREMIER

La scène représente la cellule de Marie ; dans le fond, un rideau est
baissé sur une grille ; lorsqu'on le soulève, on doit apercevoir un
fond doré, et la lumière des lampes brûlant dans le sanctuaire.

SCÈNE PREMIÈRE

MARIE, seule.

Elle est placée dans l'attitude même du tableau de *Mater admirabilis ;* un lis est à sa droite, une quenouille à sa gauche, un fuseau
entre ses mains, à ses pieds, une corbeille d'ouvrage avec le livre
des saintes Écritures. Après avoir travaillé quelques moments,
elle pose son fuseau sur ses genoux, et médite en silence, puis elle
dit [1] :

MARIE.

Du sein de l'infini, la voix du Tout-Puissant,
Comme un écho d'amour, résonne sur la terre ;
C'est la voix d'un pasteur, d'un roi compatissant....
Il parle ; et devant lui, tout discours doit se taire....
« Aux fentes du rocher, ah ! viens, creuse un rempart,
« Ma colombe, ma sœur, ô mon épouse aimée !...

[1] Pendant ce moment de silence prolongé, on doit entendre une
musique méditative.

« Du sol qui te vit naître, éloigne ton regard ;
« Quitte ces verts coteaux, cette rive embaumée.... »
Appel plein de douceur.... tout fuir pour le trouver,
Pour l'atteindre au désert que sa grâce féconde....
Quel gain que de tout perdre, et vers lui s'élever !
L'entrevoir, c'est déjà posséder plus qu'un monde.
« J'attire ma colombe au séjour de mon choix :
« C'est le sentier des lis ; je m'y plais, je l'habite ;
« Je veux l'y captiver par l'appât de mes lois.
« Dois-je l'attendre en vain, quand mon amour l'invite ? »
Ah ! j'accours, je me rends ; oui, Seigneur, me voici ;
Dans ce jardin fermé, je viens cacher ma vie ;
Ailleurs, l'air est impur, l'horizon obscurci.. .
Tout parle ici du ciel à l'épouse ravie.
Est-il un autre abri que cet enclos divin ?
Un soutien plus puissant que le bras qui me mène ?...
Est-il d'autres attraits que cette paix sans fin,
Et des liens plus doux que ceux dont Il m'enchaîne ?...
Et j'ai dit : Me voici ; ce parvis consacré
A recueilli mes jours, dans l'ombre et le silence ;
Mon âme s'y nourrit du livre vénéré,
Où Dieu cela ses lois et grava sa puissance....

SCÈNE II

MARIE, ANNE entre, portant une corbeille.

ANNE.

Nos tribus, dans le deuil, ont vu couler ce jour ;
Tout Israël gémit, s'afflige dans la cendre ;

Mais quand l'astre au couchant vient marquer son retour,
La trompette, avec bruit, au loin se fait entendre;
Du jeûne solennel le terme est annoncé....
Unissons-nous, ma fille, à cette auguste veille
De la fête, où Juda pleure sur le passé.
Prions, pour que du ciel la pitié se réveille....
Je sais qu'avec ferveur vous voulez embrasser
Les devoirs que ce jour impose au cœur fidèle :
Votre âge, tendre encor, m'oblige à vous tracer
Une loi, dont le frein modère votre zèle.
Lorsque la neuvième heure ayant fini son cours,
Les hymnes se tairont, sous la voûte sacrée,
Prenez cet aliment, vous souvenant toujours
Que l'humble obéissance au jeûne est préférée.

MARIE.

Vos ordres sont pour moi ceux mêmes du Seigneur....
Du moins, daignez m'instruire; offrez à ma faiblesse
Un moyen d'attirer la céleste faveur.

ANNE.

Vers le cœur simple et doux, le Roi des rois s'abaisse;
Il accepte les fruits de la docilité.
Il vous bénit, ma fille; Il aime votre hommage....
Qu'elle est sainte en Sion cette solennité,
Qui de pleurs, d'allégresse, offre à la fois l'image !
Jour d'expiation, jour de transports pieux;
Dieu lui-même à Moïse en trace l'ordonnance.
Le sang coule à l'autel, mais les fronts sont joyeux.
Car les crimes qu'on pleure appellent l'espérance.
Le pontife suprême ose approcher tremblant

1.

De ce lieu trois fois saint, où nul œil ne pénètre.
Privilége sacré, redoutable moment,
Que l aube de ce jour, seule, verra renaître.
Ces mystères sont grands ; goûtez-en la splendeur ;
Recueillez-en l'esprit…. Qu'une douleur amère,
A l'espoir confiant, s'unisse en notre cœur ;
Et qu'en vous Dieu contemple un autre sanctuaire…

Anne sort.

SCÈNE III

MARIE, seule.

Tu m'ordonnes, Seigneur, d'immoler mon désir,
De recevoir ce fruit, que ta bonté m'envoie ;
Elle élève le fruit vers le ciel.
Je te l'offre en retour ; consens à le bénir,
Et, comme tous tes dons, je l'accepte avec joie.
Elle s'assied et prend le livre des saintes Écritures, en le baisant avec
respect.
Livre, trésor sans prix, tu m'ouvres tes secrets ;
Tes oracles sacrés remplissent cette enceinte.
Tout se tait dans ces lieux, et tu dis les bienfaits
De Celui dont Juda vénère la loi sainte.
Elle ouvre le livre.
Répands dans mon esprit ta divine onction….
(Elle lit.) « Je suis la fleur des champs, le lis de la vallée… »
En toi, je reconnais, ô fleur immaculée,
La vierge d'Israël. gloire, honneur de Sion,
Celle, qu'au premier jour, le Ciel a révélée.
Beau lis, tu grandiras sous les yeux du Seigneur,
Captivant son regard, et t'ignorant toi-même,

Conservant pour lui seul ton parfum, ta blancheur....
Ainsi tu fixeras le choix du Dieu suprême.
Donne-nous le Sauveur, dont le règne si doux
Exaltera les cieux en consolant la terre....
Ah ! puissé-je te voir, te servir à genoux,
Toi, que le Désiré doit appeler sa Mère !...

On entend la psalmodie des lévites[1]. Marie s'approche de la grille, dont elle
écarte le rideau.

Des enfants de Lévi les chants vont retentir ;
Le peuple y joint sa voix.... Que nos cœurs sentent naître
Les élans de ferveur, l'amour, le repentir,
Qui dicta ces accents à mon royal ancêtre.

Elle s'agenouille et prie. Musique grave[2].

SCÈNE IV

MARIE, ESTHER, SUZANNE, RACHEL, SARA, JUDITH.

ESTHER.

La prière a cessé dans les sacrés parvis,
Et vous priez encore, humble et silencieuse....
Mais de quelque repos nos travaux sont suivis,
Et nous venons troubler votre extase pieuse.
Anne, en ce jour de deuil, nous interdit l'accès
Des terrasses, des cours, aux fontaines limpides ;
Ces lieux que nous aimons, pour nous ont trop d'attraits,
Il en faut détourner, ce soir, nos pas rapides.

[1] Voir à la fin du IIIe acte un psaume hébreu.

[2] Si l'on a psalmodié le rite des rabbins, il faut ici en varier le
thème.

Dans un calme entretien, nous voulons avec vous
Délasser nos esprits, exciter notre zèle.
De servir le Seigneur notre cœur est jaloux,
Et toujours votre voix au devoir nous rappelle.

SUZANNE.

Ce court délassement ranimera l'ardeur,
Que réclame de nous une tâche imposante :
Chacune, avant demain, terminant son labeur,
Ira le déposer, indécise et tremblante,
Sous les yeux maternels, qui veillent sur nos jours.
Un solennel arrêt bientôt fera connaître,
Et le nom glorieux, vainqueur dans ce concours,
Et le rare tissu que l'on offre au grand prêtre.

JUDITH.

Qui de nous recevra cet éclatant honneur?
Heureuse, mille fois, celle dont l'espérance
Ne l'aura point, sans fruit, imploré du Seigneur!

RACHEL.

Ce choix mystérieux, je le prévois d'avance....

JUDITH, avec vivacité.

De vos prévisions révélez le secret....

RACHEL.

Aucune ici, Judith, ne surpasse Marie
Dans l'art d'associer, en un dessin parfait,
L'hyacinthe, le lin, l'or, de sa broderie.
Le pontife, à l'autel, demain doit revêtir
La ceinture de pourpre, ouvrage de son zèle....

JUDITH, avec un peu d'aigreur.

Anne seule, en ces lieux, a droit de départir
Cet honneur envié, que vous fixez sans elle.

MARIE.

Puisqu'un même dessein guida notre labeur,
Et que plaire au Très-Haut fut notre unique envie,
Toutes, nous aurons part à l'intime douceur
Dont chaque œuvre, en son nom, aussitôt est suivie.
Peut-être son regard ne voudra distinguer
Qu'un travail sans éclat, fruit d'une humble constance;
Et ce prix, que chacun ose, en secret, briguer,
Sera de longs efforts la seule récompense.....

RACHEL.

Votre sage parole assoupit nos débats ....

MARIE.

Ah ! ne songeons, mes sœurs, qu'au jour qui se prépare.
Dieu voulait sur Sion appesantir son bras ;
Mais, vaincu par nos pleurs, son amour se déclare.

SARA.

Que j'aime les apprêts, la pompe des autels !
Le temple est vêtu d'or, et semé de richesses.....
Cet éclat, trop brillant pour les yeux des mortels,
Rappelle aux Séraphins les célestes largesses.

JUDITH s'approche de la grille.

Mais ici, quel tableau vient m'offrir sa splendeur !
Des vierges d'Israël, il n'en est point, Marie,
Qui puisse contempler la maison du Seigneur
D'un séjour mieux choisi.... Sans effort, l'âme y prie....

Les jeunes filles se groupent près de la grille.

Les parfums sur l'autel prennent leur pur essor ;
Là, les pains consacrés sur le cèdre admirable ;
Ici, du chandelier brillent les branches d'or ;
Puis les riches festons du voile impénétrable.

SARA.

O tissu merveilleux de bysse et de fin lin !
Soulève tes replis, écarte ton mystère ;
Permets-nous d'entrevoir l'aile du chérubin
Qui porte au Tout-Puissant les soupirs de la terre.
Est-ce en vain qu'avec nous Dieu place son séjour ?
Veut-il toujours à l'homme en défendre l'entrée ?
Ah ! nos yeux verront-ils paraître l'heureux jour
Où, pour tous, s'ouvrira cette enceinte sacrée ?

MARIE.

Ce jour luira, mes sœurs ; les Cieux s'abaisseront,
Et le Juste viendra consoler le coupable.
Nos cœurs l'ont appelé ; leurs désirs hâteront
Ce temps où germera la semence adorable.

SUZANNE.

Temps heureux, nous devons le saluer bientôt :
Si l'oracle sacré, grand Dieu, se vérifie,
Nous pourrons contempler le précieux dépôt
Que son ardent amour à la terre confie.

MARIE.

Nos lèvres baiseront la trace de ses pas ;
Notre âme, dans l'ivresse, entendra ses paroles.
Qu'il réponde à nos pleurs, qu'il paraisse ici-bas,
Que la réalité dissipe les symboles !

Ne cessons d'élever nos soupirs vers les cieux....
Voulez-vous, ô mes sœurs, qu'ici notre prière
Emprunte aux Livres saints les cris de nos aïeux,
Pour demander celui qu'attend notre misère?

SCÈNE V.

LES MÊMES, ENTRÉE DU CHŒUR.

Les jeunes filles se groupent de manière à former un chœur; elles
se tournent légèrement vers le sanctuaire, sans cesser de faire face
au public.

UNE JEUNE FILLE DE SION.

Descends, descends vers nous, ô divine Sagesse,
 Trésor sorti du sein même de Dieu ;
 Daigne, Seigneur, accomplir ta promesse ;
 De tes enfants, réalise le vœu....
  Descends, Verbe adorable !
Tout Israël languit dans l'attente du jour,
  Où ton incomparable amour
  Sauvera le monde coupable.

LE CHŒUR.

Descends, Verbe adorable !

UNE JEUNE FILLE.

Seigneur, Dieu de Jacob, apaise ton courroux ;
A l'excès de nos maux montre-toi secourable.
Nous n'espérons qu'en toi; descends, descends vers nous !

CHŒUR.

Descends, Verbe adorable !
Ton peuple humilié t'en conjure à genoux ;
Vois la douleur qui nous accable.
Descends, Verbe adorable !

UNE AUTRE.

La terre est dans l'attente ; ô Cieux, entr'ouvrez-vous ;
Versez votre rosée !
Le Seigneur descendra vers nous,
Car sa colère est épuisée,
Nos pleurs l'ont apaisée,

CHŒUR.

La terre est dans l'attente ; ô Cieux, entr'ouvrez-vous ;
Versez votre rosée !

UNE VOIX.

Regarde, ô Dieu de majesté,
La fille de ton peuple a perdu sa beauté.
Triste, errante, isolée,
Jérusalem est désolée.
Ah ! détourne les yeux de son iniquité.
Des beaux jours de sa gloire,
Rappelle en ton cœur la mémoire ;
Pardonne-lui, Dieu de bonté !

UNE AUTRE.

O puissance féconde ;
Fais sortir du désert l'Agneau dominateur,
Qui doit sauver, régénérer le monde.

De ton peuple chéri, Seigneur,
Vois la douleur profonde.

CHŒUR.

O puissance féconde,
Fais sortir du désert l'Agneau dominateur.

UNE VOIX.

Il va paraître enfin sur la sainte montagne,
Et racheter Sion de sa captivité.
Son front est rayonnant de gloire et de beauté,
Et la douceur est sa compagne.

CHŒUR.

Tout un peuple à genoux appelle son Sauveur,
Qu'il vienne du désert, l'Agneau dominateur.

UNE VOIX.

Console-toi, Sion, console-toi,
C'est l'instant de la délivrance.
Console-toi, Sion, console-toi,
Il est proche le divin Roi.
Chante la bonté, la puissance,
Du Dieu qui te donne sa loi.

CHŒUR.

Tout un peuple à genoux appelle son Sauveur.
Qu'il vienne du désert, l'Agneau dominateur.
Jadis sur le Sinaï,
Tu nous révélas ta gloire,
Nous en gardons la mémoire,
Viens vers nous, Adonaï.

Désiré des nations,
Roi divin, pierre angulaire,
Orient, douce lumière,
Viens, parais ; nous t'attendons.

FIN DU PREMIER ACTE.

ACTE II

La scène représente la salle de travail des filles de Sion; toutes
sont à l'ouvrage avec des métiers, des quenouilles, des tambours à
dentelle, des dévidoirs, etc. Le fauteuil d'Anne est placé sur une
estrade. Vers la gauche, derrière un rideau tiré, se trouve une
grille, au-dessous de laquelle se trouve un tour. Dans le fond, une
autre grille, cachée par un rideau, communique avec le sanctuaire.

SCÈNE PREMIÈRE

ANNE, ESTHER, MARIE, SUZANNE, RACHEL, JUDITH.

ANNE lit avec gravité le texte pur de l'Ecclésiastique, qu'elle interrompra
au son du timbre, que les lévites feront entendre du tour.

J'ai été créée dès le commencement et avant les siècles; je
ne cesserai d'être dans la suite des âges; et j'ai exercé mon
ministère dans la Maison Sainte.

J'ai été affermie en Sion et je me suis reposée dans la cité
Sainte, et ma puissance est dans Jérusalem.

Et j'ai pris racine dans le peuple que le Seigneur a honoré,
le peuple dont l'héritage est la part de mon Dieu; et ma
demeure est dans l'assemblée des Saints.

Je me suis élevée comme le cèdre sur le Liban, et comme
le cyprès sur la montagne de Sion.

Je me suis élevée comme le palmier de Cadès, et comme
les rosiers de Jéricho.

J'ai grandi comme un bel olivier dans la campagne, et
comme le platane dans un grand chemin sur le bord des
eaux.

J'ai répandu l'odeur du cinnamome et du baume, j'ai exhalé
les parfums de la myrrhe.

J'ai rempli ma demeure des vapeurs du storax, de l'onyx,
et de la goutte d'encens qui a coulé d'elle-même; et mes parfums sont un baume pur et sans mélange.

J'ai étendu mes rameaux comme le térébinthe; et mes rameaux sont des rameaux d'honneur et de grâce.

J'ai donné des fleurs odorantes, comme la vigne; mes
fleurs deviendront des fruits de gloire et d'abondance [1].

On entend le timbre.

JUDITH se lève subitement et se dirige vers la grille.

On vient nous confier les sacrés vêtements,
Pour leur rendre l'éclat prescrit par nos saints rites.

ANNE, en la retenant.

Judith, vous oubliez nos sages règlements :
Seule, je vais répondre à l'appel des lévites ;
Et lorsqu'en mon absence, un message étranger
Vient ravir l'humble vierge à sa douce contrainte,
Elle voile ses traits afin de protéger
L'inviolable sceau qui garde cette enceinte.

JUDITH, avec embarras, en se rasseyant.

Mère, excusez l'élan d'un esprit empressé.....

Anne tire le rideau ; on aperçoit, à travers la grille, trois lévites portant une
corbeille.

[1] *Eccl.*, XXIV, v. 14 à 23.

SCÈNE II

LES MÊMES, LES LÉVITES.

ANNE.

Quel ordre apportez-vous du pontife suprême,
A l'heure où, chaque soir, nos travaux ont cessé ?...

Ier LÉVITE.

C'est un labeur pressant, qu'il désigna lui-même...
Avant les premiers feux du sabbat solennel,
Des apprêts négligés réclament votre zèle.
Le parfum précieux, consacré pour l'autel.
Et qui doit s'élever devant l'arche éternelle,
Demande tous les soins de votre piété.
Mêlez, avec respect, une égale mesure
D'onyx, de galbanum, d'encens et de stacté ;
Formez-en le parfum, d'odeur suave et pure.

IIe LÉVITE.

Que de cet encensoir les bords soient réparés.
La riche lame d'or qui couvre la tiare
Porte, presque ternis, les mots trois fois sacrés ;
Qu'un lustre tout nouveau la revête et la pare.

IIIe LÉVITE.

Rattachez de l'éphod les anneaux vacillants ;
Que le rational s'y joigne avec justesse.

S'il est d'autres défauts, vos efforts vigilants
Sauront les découvrir…. Hâtez-vous, l'heure presse.

Anne reçoit la corbeille par le tour, deux jeunes filles voilées la prennent de ses mains; les lévites se retirent.

SCÈNE III

LES MÊMES.

ANNE.

Les cymbales bientôt nous auront annoncé
Que le peuple pieux s'unit aux sacrifices,
Et que du jour très-saint la pompe a commencé.
Nos travaux accomplis en seront les prémices.

JUDITH.

Pendant la nuit entière, un labeur incessant
A peine suffirait pour cette tâche immense.

ANNE.

Le Dieu qui nous conduit est un aide puissant;
Il ne saurait trahir notre humble confiance.
En est-il parmi vous, dont la prompte ferveur
Ait terminé l'offrande apportée au grand prêtre?

Marie et deux autres jeunes filles se lèvent pour marquer qu'elles ont fini leur ouvrage.

JUDITH, avec surprise.

Pourtant nulle au travail n'atteignait mon ardeur!

ANNE.

Mes filles, d'autres soins vous attendent peut-être.
Elle regarde attentivement les objets apportés par les lévites.
Devant le Saint des Saints, le ministre des cieux
Paraîtra revêtu de ces sacrés insignes ;
Prêtez-leur la beauté, le reflet glorieux,
Qui peut d'un tel honneur les rendre moins indignes.
Ce saphir enchâssé dans le rational,
Que votre main pieuse avec art l'affermisse ;
Qu'en ses moindres détails, le vêtement légal
D'un admirable éclat, dans ce jour, resplendisse.
A Marie.
Mais d'abord, consultant le livre du Seigneur,
Composez le parfum dont Dieu seul a l'hommage.
Et n'en savourez point la suave senteur :
Brûler pour l'Eternel est son sublime usage.

MARIE.

Ma mère, en préparant l'huile des onctions,
Je vis du galbanum la mesure épuisée.
ANNE, lui remettant une clef.
Dans nos riches dépôts, sur vos provisions,
Prenez cette mesure exactement pesée.
Marie sort.

SCÈNE IV

LES MÊMES.

ANNE donne les ornements aux deux jeunes Israélites, puis s'adressant à toutes :

Mes filles, redoublez vos efforts généreux.

ESTHER.

Que ne possédons-nous les secrets de Marie !
Sans peine, elle produit des travaux merveilleux ;
Il semble que le Ciel sans cesse lui sourie...

JUDITH.

Les anges du Seigneur viennent guider sa main ;
Lui prêtant leur secours, ils abrégent sa tâche.
Non, son œuvre n'est point le fruit d'un art humain.
Comme elle n'ai-je pas travaillé sans relâche ?

RACHEL.

De célestes rayons illuminent ses traits ;
Un souvenir divin s'unit à sa présence.
Lorsque je suis ses pas, mon cœur sent mille attraits
Pour la loi du Très-Haut, pour des jours d'innocence.

SUZANNE.

Dans les mots inspirés dont nous goûtions le miel,
Qui de l'aimable fleur n'a reconnu l'image ?
La rose, l'olivier, des collines du ciel,
Surpassent-ils les dons de cette vierge sage ?

ANNE.

Oui, ses rares vertus plaisent à l'Éternel ;
Mais l'éloge indiscret d'une bouche imprudente
Est semblable souvent à ce venin cruel,
Qui flétrit de nos prés la parure éclatante.
Ah ! ne profanez point, par un propos flatteur,
Le trésor déposé dans ce vase admirable.
Moi-même, je frémis de ravir au Seigneur
Quelques grains de l'encens qu'il a pour agréable.

ESTHER.

Mais le cœur de Marie est le gardien jaloux
De ces riches faveurs, qui ravissent les Anges.
La tristesse aussitôt voile son front si doux,
Quand parfois nos discours reflètent ses louanges.
Au jour qui précédait notre dernier sabbat,
Nous attendions ici l'heure de la prière,
Lorsque s'ouvrit soudain parmi nous un débat,
Qui para sa candeur d'une pure lumière.
Un lévite, en retour du labeur terminé,
Remit entre mes mains une tâche nouvelle.
Par un excès d'ardeur, chaque esprit entraîné,
Voulut fixer la part que convoitait son zèle.
Pour apaiser ce trouble, inconnu dans ces lieux,
La voix que nous aimons proposa pour arbitre
Le sort, dont les arrêts sont l'organe des cieux.
L'avis de l'humble enfant lui valut un beau titre.
Chacune, dédaignant et le bysse et le lin,
Préférait en secret l'or ou la pourpre insigne :
Mais on bénit de Dieu l'immuable dessein

Quand ce noble travail échut à la plus digne.
Surprise, elle rejette et combat ce décret.....
Ah ! qu'une fois encor le destin se prononce !...
On se rend à ce vœu, qui peint son cœur discret,
Et deux fois, l'on reçoit une même réponse.
Alors, à son oreille, un seul cri s'éleva :
O Marie, acceptez la couleur souveraine ;
Cet honneur vous est dû ; le Seigneur l'approuva.....
Ah ! nous vous saluons, des vierges, sainte Reine !.....
Fuyant devant la gloire, elle avait disparu.....

SARA.

La pourpre cependant convient à sa naissance...
Puis-je évoquer un bruit, qui longtemps a couru ?
On rapporte à David sa noble descendance.

ANNE.

En effet, de nos rois, rejeton précieux,
Par choix, d'humble silence elle est environnée.

RACHEL.

Autour de son berceau, quelques faits merveilleux
Ont peut-être déjà prédit sa destinée ?

JUDITH.

L'obscure Nazareth fut son premier séjour ;
Elle y vécut, dit-on, du pain de l'indigence.....

ANNE.

Non, ses pieux parents, riches de foi, d'amour,
Goûtaient, dans la vertu, le bienfait de l'aisance.
Leur généreuse main ne gardait de ce don

Que la modeste part des besoins de leur vie ;
Le reste offrait au pauvre une noble rançon.
Dieu refusait pourtant un bien à leur envie.
Pendant que l'orphelin s'abritait sous leur toit,
En vain, ils attendaient l'appui de leur vieillesse.
Leur stérile union les privait du saint droit
De vouer au Très-Haut l'*enfant* de leur tendresse.
Mais le soupir fervent pénètre jusqu'aux cieux ;
De son trait il atteint la divine clémence.
Un ange recueillait ces soupirs et ces vœux ;
Il sema, sous leurs pas, une fleur d'espérance.
« Joachim, de ta tige, un rameau sortira.
« L'objet de ton désir ornera ta couronne.
« D'Anne, de ton épouse, une fille naîtra.
« Marie est le doux nom que le Seigneur lui donne. »
Puis l'envoyé d'en haut retraça la beauté
De l'astre aux purs rayons, dont Dieu dotait la terre....

ESTHER.

Quoi ! cet astre éclatant, trésor de sainteté,
Ce serait l'humble vierge, éprise de mystère,
Qui daigne, dans ces lieux, s'appeler notre sœur ?

SUZANNE.

Quels seront ses destins ? Est-ce une Esther nouvelle,
Qui, d'un roi magnifique, obtiendra la faveur ?

ESTHER.

Doit-elle de Judith imiter le saint zèle ?

RACHEL.

Donnera-t-elle au monde un illustre vainqueur,
Qui fera luire au loin son glaive plein d'audace ?

SARA.

Nous fait-elle espérer ce fier libérateur,
Qui du joug ennemi sauvera notre race?

ESTHER.

Mais de ses premiers jours, ah! parlez-nous encor;
Quand ce sacré parvis reçut-il son enfance?

ANNE.

Sitôt qu'elle eut trois ans, quittant leur seul trésor,
Ses parents au Seigneur offraient son innocence.
Ah! ce touchant tableau vit dans mon souvenir.
Qui peindra la ferveur de cette vierge aimable,
Lorsqu'aux soins des autels, vouant son avenir,
Elle atteint les degrés de ce lieu redoutable?
Du secours maternel refusant le soutien,
D'un pas ferme elle accourt au-devant du grand prêtre,
Humblement se prosterne, et, brisant tout lien,
Promet à l'Éternel qu'Il sera son seul maître.

ESTHER.

Fidèle à ce serment, son cœur respire en Dieu;
Attendre le Sauveur est sa seule espérance.
La tige de Jessé fleurit-elle en ce lieu?
Du moins un pur miroir la reflète d'avance.

JUDITH.

Ma mère, vos conseils ne sont point écoutés,
L'éloge de Marie enfreint votre défense.

ANNE.

Non, j'aime ce tribut d'hommages mérités,
Pourvu que vos discours respectent sa présence.

SCÈNE V

LES MÊMES, MARIE.

MARIE, à Anne.

Vos ordres sont remplis : le parfum du Seigneur
Attend, pour s'exhaler, l'heure du sacrifice.
Mère, que votre choix désigne mon labeur.

ANNE.

Maintenant, qu'à nos soins votre zèle s'unisse ;
De vos sœurs secondez les efforts si constants ;
Lasse d'un long travail, leur main semble plus lente.
Joignez-vous à leur voix pour charmer ces instants.
Et louez cette femme, entre toutes prudente,
Dont le Sage traça les célestes attraits.
L'œil divin, dans votre âme, en veut trouver l'image.
Que sa noble candeur embellisse vos traits,
Que l'or de ses vertus forme votre héritage.

MARIE.

Où trouver, nous a dit, dans son brillant langage,
L'Esprit, source de vérité,
Où trouver cette femme humble, fidèle et sage,
Dont les vertus font la beauté ?
Son prix l'emporte et sur les pierreries,
Et sur tous les trésors de nos villes bénies.

UNE JEUNE FILLE.

Elle ignore le mal et se plaît dans le bien.

2.

MARIE.

Elle travaille et la laine et le lin.
Dans son cœur, on ne voit qu'amour et qu'indulgence.
Elle ouvre chaque jour ses mains à l'indigence ;
Sa vie est sans reproche, et sa lampe reluit,
Toujours pendant la nuit.

ESTHER.

Elle est comme un navire,
Qui, lancé sur la mer, fend doucement les eaux,
Et va chercher au loin quelques trésors nouveaux.
Le Seigneur seul pourrait nous dire
Combien dans sa belle âme elle amasse de biens ;
Car Il préside aux œuvres de ses mains.

MARIE.

Ses bras sont affermis, la force est sa ceinture,
Et ses doigts avec zèle ont tourné le fuseau ;
On voit sur sa quenouille un lin toujours nouveau.

UNE JEUNE FILLE.

La sagesse, sans doute, entoura son berceau.

UNE AUTRE.

Tout lui sourit dans la nature.

RACHEL.

La force et la beauté forment son vêtement.

SARA.

On la verra s'éteindre doucement.
Son dernier jour sera rempli de joie.

Eh ! pourrait-elle craindre, à ce terrible instant,
    Le Dieu qu'elle aima constamment?
Non, son âme aux remords ne saurait être en proie ;
    Les purs esprits que le Ciel nous envoie,
      L'assisteront à ce moment.

ANNE.

    Ah ! célébrez ce gracieux modèle,
  La gloire de Sion ! Puissiez-vous l'imiter.
L'Esprit qui nous la peint, forte autant que fidèle,
A marcher sur ses pas semble nous inviter.

LE CHŒUR.

    Ah ! célébrons ce gracieux modèle,
  La gloire de Sion ! Puissions-nous l'imiter.
L'Esprit qui nous la peint, forte autant que fidèle,
A marcher sur ses pas semble nous inviter.

On entend la trompette, qui annonce le commencement de la solennité, avec le coucher du soleil. Aussitôt, toutes quittent leurs ouvrages, excepté Judith, qui reste assise devant son métier.

ANNE.

L'airain du sanctuaire annonce le repos ;
Mes filles, dépouillons les soins de cette vie.
C'est le jour du Seigneur ! Avec des cœurs nouveaux,
A louer ses bontés l'Eternel nous convie.

JUDITH.

Que ne puis-je, ma mère, orner d'un dernier trait,
Cette œuvre de mes mains, que je voudrais parfaite !...

ANNE.

Qui viole nos lois, ignore le secret

De ce calme divin, que la ferveur achète.
Le Très-Haut nous attend aux portiques des cieux,
Sa louange remplit cette veille sacrée ;
Mais que l'aube demain nous retrouve en ces lieux :
Une auguste sentence y sera déclarée,
Dieu fixera le choix du tissu précieux,
Dont il veut revêtir son ministre suprême.

JUDITH.

Ai-je en vain recherché cet honneur glorieux,
Plus cher à mon espoir qu'un riche diadème ?

ESTHER.

Vous m'avez confié, ma mère, la faveur
D'établir, par mes soins, l'ordre dans cette enceinte.....

ANNE.

Oui, demeurez, Esther, l'ordre plaît au Seigneur.
Plus tard, vous vous joindrez à notre veille sainte.

Toutes sortent, excepté Esther.

SCÈNE VI

ESTHER, seule ; elle range les métiers, etc.

Ce prix tant désiré des filles de Sion,
Un jour, le Tout-Puissant l'accordait à ma mère ;
S'il fut aussi l'objet de mon ambition,
Je le cède à l'effort d'un zèle humble et sincère.
Cette modeste enfant, heureuse dans l'oubli,

Rejette cet honneur ; mais qu'il soit son partage !....

Elle jette un regard sur le métier de Marie.

Ce travail est parfait ! il ne fut accompli
Que pour l'offrir au ciel, ainsi qu'un pur hommage.

SCÈNE VII

ESTHER, JUDITH.

JUDITH, à part.

Ah ! je veux m'affranchir de ce doute irritant !..
En plaçant près du mien l'ouvrage de Marie,
D'un arrêt trop tardif je préviendrai l'instant.

A Esther.

Pendant qu'au temple saint, la foule adore et prie,
Vous embrassez les soins d'un obscur dévoûment ;
D'un semblable désir mon âme est poursuivie ;
Oui, mon zèle, ce soir, recherche un aliment,
Et vos efforts, Esther, éveillent mon envie.
Vous pourrez à vos sœurs vous unir sans retard ;
Mon bras vient suppléer à votre vigilance...

ESTHER.

Mais l'ordre maternel n'est-il point un rempart,
Qui, contraire à vos plans, les condamne d'avance ?

JUDITH.

Ma mère a vu mes pas vers vous se diriger,
Et n'a point retenu cet essor qui m'entraîne.

ESTHER.

Nos travaux mutuels peuvent donc s'échanger ;
Ce suffrage muet au devoir nous ramène.
Mon cœur, dans vos desseins, reconnaît une sœur ;
Que Dieu guide à jamais vos soins et vos pensées !

Elle sort.

SCÈNE VIII

JUDITH, seule, elle regarde son ouvrage.

Se peut-il que son œuvre efface mon labeur !
Ces fleurs trompent ma main dont l'art les a tracées....
Elle découvre le métier de Marie.
O merveille ! ô douleur ! de ce divin tissu
La trame, par un ange, au ciel fut déroulée !..
Il est brisé, l'espoir qu'en vain j'avais conçu !
A goûter mon triomphe une autre est appelée...
Elle ravit mes droits, et détruit mon bonheur...
Eh quoi ! j'accepterais ma défaite et sa gloire?...
Grand Dieu, de ce travail viens ternir la fraîcheur ;
Parle pour ta servante, et rends-lui sa victoire !..
Ah ! je n'hésite point, cette œuvre doit périr...
Sur ces riches dessins que ma lampe inclinée
En efface l'éclat, et serve mon désir...
Elle penche sa lampe sur le travail de Marie.
Qu'ai-je fait ? O ma sœur, ton attente est ruinée.
Tes efforts de leur fruit sont privés à jamais !
Dis-moi, quel trait cruel mérita ma vengeance ?

Ton cœur s'est révélé par les plus doux bienfaits,
Et le mien se trahit par sa lâche démence...

Se jetant à genoux.

Seigneur, je suis coupable, et j'ose t'implorer ;
Donne-moi le pouvoir d'expier mon offense.
Par un aveu sincère, ah ! fais-moi recouvrer
Ton amour et sa grâce, avec mon innocence...

FIN DU DEUXIÈME ACTE.

ACTE III

La scène se passe dans la salle du travail; les métiers ont disparu;
tout est disposé pour le jugement solennel.

———

SCÈNE PREMIÈRE

MARIE, seule ; elle contemple l'horizon.

L'aurore du saint jour se lève dans Sion ;
Seigneur, sur nos sommets que ta gloire descende !
La terre a tressailli ; par son oblation,
Du temple encor désert elle prévient l'offrande.
Les cèdres inclinés sur les eaux du Cédron,
Les lis de Josaphat ont loué ta puissance.
Gethsémani rejette, en saluant ton nom,
Les voiles de tristesse, insignes de souffrance,
Cime où l'ardente foi du Père des croyants
Offrit au fer cruel l'Enfant de la promesse,
Redis au Roi des cieux les accents suppliants,
Qui des fils d'Abraham consolent la détresse.
Non, tu n'as point détruit ton autel douloureux ;
Il semble attendre encore une auguste victime.

Avant d'être arrosé par ce sang généreux,
Qu'il reçoive nos pleurs comme rançon du crime.

Les cymbales annoncent la solennité du jour. Marie s'approche de la grille,
dont elle tire le rideau.

Mais Dieu, dans sa maison, veut recueillir nos vœux.
Temple de Jéhovah, qui nous dira ta gloire ?
Nos pères, en créant tes murs majestueux,
Des faveurs du Très-Haut scellèrent la mémoire.
Leur cœur, bientôt ingrat, renia ses serments ;
Un encens profané vint souiller ton enceinte.
L'ennemi t'ébranla jusqu'en tes fondements,
Et t'arracha le droit d'abriter l'Arche sainte.
La ruine et l'opprobre ont visité ton seuil,
Quand Juda, dans l'exil, portait ses pas coupables.
Mais la voix du pardon suivit l'heure du deuil.
Tu vis renaître alors tes parvis admirables,
Le ciel leur ravissait l'éclat du premier jour,
Que devra surpasser une gloire nouvelle ;
Car Celui dont la terre attend la loi d'amour,
Franchira tes degrés, dans sa course mortelle...
Sion ne brisa point la chaîne des forfaits ;
Dieu nomma ses vengeurs : trois fois des mains impies
Faisaient gémir ta voûte au bruit de leurs excès.
L'orgueil de notre race, ah ! toujours tu l'expies.....
Mais nos cœurs ont trouvé les dons du repentir ;
L'heure a sonné, Seigneur ; contemple nos hosties ;
Si tu les méprisais, saurions-nous retenir
Le glaive suspendu sur ceux que tu châties ?
Nos bûchers, nos autels sont indignes de toi ;
Elle n'a point paru la victime sans tache.

3

Tu réclames son sang : nous demandons sa loi ;
Ta justice l'appelle, et ton bras nous la cache.....

SCÈNE II

MARIE, ESTHER entre en portant une corbeille qui contient les
ornements du grand prêtre ; Marie y dépose la lame d'or, envelop-
pée dans une toile de fin lin.

ESTHER.

Les vêtements sacrés ont repris leur splendeur ;
L'éclat de la tiare atteste votre zèle.....
La ceinture légale, œuvre de notre ardeur,
Manque seule aux travaux où tant d'art se révèle.
Ah ! ma sœur, Dieu destine à votre piété
Un droit dont plus d'un cœur a bercé l'espérance...

MARIE.

Si cet honneur, Esther, par vous est mérité,
Nous bénirons aussi la divine puissance.

SCÈNE III

LES MÊMES, JUDITH entre avec inquiétude.

JUDITH, à part, en voyant Marie.

C'est elle !... que ne puis-je, étouffant ma fierté,
Avouer à ses pieds combien je fus cruelle !

Mais je vois un témoin, dont la sévérité
Rend mon esprit timide, et mon vouloir rebelle.
(A Esther.) Anne a-t-elle déjà comparé chaque effort?
Ou bien, de la sentence a-t-on retardé l'heure?

ESTHER.

Non, vous allez, Judith, connaître votre sort,
Qui, dicté par le ciel, est la part la meilleure.

JUDITH.

Le devoir m'a tracé quelques soins importants...,
Les harpes, les trinnores, des tribunes sacrées
Répondent sans justesse aux clairons éclatants,
Et troubleraient l'accord des hymnes inspirées.
De leurs sons si divers mesurant les effets,
Je les disposerai pour la sainte harmonie.....

ESTHER.

Quoi! vous pourriez, ma sœur, vous priver sans regrets
De l'arrêt publié par une voix bénie?

JUDITH.

Quand le Maître divin m'appelle à le servir,
Je renonce aux attraits qui charmeraient mon âme.

ESTHER.

Cet élan généreux, le puis-je retenir?
Qui voudrait l'arrêter serait digne de blâme.

Judith sort.

SCÈNE IV

LES MÊMES.

ESTHER.

Du Très-Haut, dans ce cœur, quel triomphe touchant !
D'une attente si longue elle éloigne l'issue.

MARIE.

Pour celui qu'un Dieu gagne il n'est plus qu'un penchant,
C'est de livrer son âme à la grâce reçue.

SCÈNE V

LES MÊMES, ANNE, RACHEL, SARA, SUZANNE,
LE CHŒUR.

Deux jeunes filles portent les ceintures dans une corbeille.

ANNE s'assied. La corbeille est déposée à ses pieds. Sur un signe, toutes
s'asseyent en cercle autour de leur maîtresse.

Nos yeux, dès le matin, ont cherché le Seigneur ;
Et sur son char de paix, de force et de justice,
Nous avons contemplé ce roi plein de douceur,
Bénissant, dans Juda, la pompe expiatrice.
Les parois vont s'ouvrir, les parfums s'élever ;
Les captifs offriront leur chant de délivrance.....
Avant de nous y joindre, ah ! je veux achever
L'arrêt, qui vient, hélas ! tromper ma prévoyance.

Elle prend la ceinture de Marie.

Ce travail, jusqu'ici reconnu sans défaut,
Où déjà je lisais la gloire de Marie,
Enfants, il a reçu vos louanges trop tôt :
L'huile impure a souillé sa riche symétrie...
Ce dégât du hasard paraît être le fruit;
Mais il procède aussi de quelque négligence.

S'adressant à Marie.

Un voile eût préservé ce tissu qui, la nuit,
Est demeuré sans soins par votre insouciance.

Marie baisse les yeux, et se tait.

ESTHER.

Pour défendre Marie, ah ! j'élève la voix;
Par votre ordre, en ces lieux, hier, j'étais restée,
Quand l'offrande du soir vous imposait ses lois;
Ma tâche par Judith soudain fut disputée...
Avant de la céder, j'admirais en secret
Du métier de ma sœur l'ordonnance parfaite;
Je vis qu'à toute atteinte elle l'avait soustrait;
D'autres mains ont, sans doute, amené sa défaite.....

ANNE.

Judith, j'attends de vous des éclaircissements.....

La cherchant des yeux.

Je ne l'aperçois point...

ESTHER.

    Par son zèle entraînée,
Elle veille à l'accord des sacrés instruments.

ANNE.

Qu'à l'instant, par Marie elle soit amenée.

Marie sort.

SCÈNE VI

LES MÊMES.

ESTHER, suivant Marie du regard.

Au revers qui la frappe, elle n'a point de part ..
Les plus obscurs détails que prescrit la prudence,
Enchaînant son esprit, obtiennent son égard...

SARA.

Rien ne surprit jamais sa prompte vigilance...

RACHEL.

Un mobile divin règle ses mouvements,
Qui révèlent des cieux l'admirable harmonie ;
Et celui dont la voix commande aux éléments,
Semble lui départir sa puissance infinie.
Son labeur est sans peine, et son art, sans effort ;
Pourtant, de quelle ardeur on la voit animée,
Lorsqu'elle vient remplir, selon le choix du sort,
Des vierges de Sion la tâche accoutumée !
Ses doigts, d'un même soin, revêtent le fuseau,
Ourdissent l'humble lin, puisent l'eau jaillissante ;
Et, pour l'autel sacré, pèsent l'encens nouveau,
Rendent aux vases saints leur splendeur imposante.

SUZANNE.

Elle ne cherche point l'aveu d'un œil humain,
Sa ferveur trouve au ciel son témoin, son arbitre.

Du Dieu, qui, dans son âme, habite en souverain,
Se dire la servante est son plus noble titre...

ANNE.

Oui, mes filles, parlez; en louant cette fleur,
Honorez le Très-Haut, dans son sublime ouvrage.
Si l'ombre de l'envie eût atteint votre cœur,
N'eût-il pas refusé ce généreux hommage?

ESTHER.

Osé-je avec candeur révéler un regret?
Judith semble ignorer les vertus de Marie.....

SARA.

Son visage souvent peint un blâme secret,
Lorsqu'elle entend vanter des sœurs la plus chérie.

RACHEL.

Elle tremblait surtout que le brillant tissu,
Dont nul ne prévoyait la ruine prochaine,
Ne méritât l'honneur du prix qu'il eût reçu,
Sans cet acte cruel, dirigé par la haine.

ANNE.

A d'injustes soupçons craignez de vous livrer ;
Attendons que Judith dissipe ce mystère.

SARA.

La voici.....

SCÈNE VII

LES MÊMES, JUDITH, MARIE.

ANNE.

Mon enfant, pourquoi vous retirer?
Au débat de ce jour êtes-vous étrangère?...
JUDITH, avec embarras.
Une tâche qu'hier mon zèle eût dû prévoir,
M'appelait, sans retard, dans la demeure sainte...

ANNE.

Pour la vierge du temple, il n'est d'autre devoir
Que de suivre les lois qui règlent cette enceinte.
Votre présence ici peut-être eût éclairé
D'un accident récent la cause encor celée.
Montrant la ceinture.
De ces riches couleurs l'éclat fut altéré,
Quand des ombres du soir, la terre était voilée.
Par quel bras inconnu, par quel secret agent,
L'œuvre offerte aux autels fut-elle profanée?

JUDITH.

Il est dur, pour mon cœur, qu'en ce doute affligeant,
A vous tourner vers moi vous soyez inclinée.

ANNE.

Votre esprit inquiet s'alarme promptement.
En partageant d'Esther la mission louable,

Vous avez assumé les soins d'un dévoûment
Qui, de l'ordre, en ce lieu, vous rendait responsable.
Nul après vous, ma fille, ici, n'a pénétré.
Hier, de ce malheur, rien n'offrait l'apparence.
Un brusque mouvement, de vous-même ignoré,
Vint peut-être trahir une longue constance....
Vos regards curieux ont-ils interrogé
Ce travail, qui semblait exciter votre envie?

JUDITH, à part.

Un aveu confiant, Seigneur, t'aurait vengé;
Mais d'un opprobre amer je souillerais ma vie....

ANNE.

Vous ne répondez point?...

MARIE, d'un ton suppliant

     Oublions, sans détour,
La perte que Judith a déjà réparée.

JUDITH, à part.

O cœur trop généreux !

ANNE.

    Non, non, point de détour;
Des causes du dégât je veux être assurée.

JUDITH, avec hésitation.

Pour mieux apprécier nos mutuels efforts,
Du métier de ma sœur je sondais le mystère,
Lorsque soudain, ma lampe en vint heurter les bords.

ESTHER.

Que n'ai-je refusé ce fatal ministère !
  3.

ANNE.

Votre bras imprudent du désastre est l'auteur ?

MARIE.

Il servit les desseins du Maître de la terre.....

ANNE.

Déplorons les effets de l'indiscrète ardeur,
Que je dois condamner par un blâme sévère.

ESTHER, en regardant la ceinture souillée.

Dès longtemps ce travail arrêta votre choix....

ANNE.

Il le faut repousser par une autre sentence.

MARIE.

Ah ! cet acte fortuit du ciel prescrit les lois.

ESTHER.

Quoi ! Judith vient ravir l'auguste récompense !

MARIE, en présentant à Anne la ceinture de Judith.

Son art la méritait. Quel dessin délicat !
De ces riches contours que les teintes sont belles !

ANNE.

Je l'avoue, et ces fleurs rivalisent d'éclat
Avec celles, qu'hier, j'offrais comme modèles.
A Marie.
Puisqu'un dégât funeste anéantit vos droits,
Ce tissu réunit notre commun suffrage....
A Judith.
Mais, voyant couronner cette œuvre de vos doigts,

Songez qu'à votre sœur était dû cet hommage.
Ah ! puisse le Très-Haut ne vous point refuser
Le titre qu'usurpa votre prompte imprudence !
> Lui donnant la ceinture.

Sur les saints vêtements vous allez déposer
Ce don, qui vient se joindre à leur magnificence.
> Marie présente à Judith la corbeille qui contient les ornements du pontife.

> JUDITH fait un mouvement comme pour y placer son ouvrage, puis s'arrête soudain, rejette sa ceinture, et se précipite à genoux.

Grand Dieu! ne sais-tu pas que mes coupables mains
Sont indignes d'offrir ces présents à ta gloire?
Invisible témoin de leurs cruels desseins,
Que ne les prives-tu des fruits de la victoire?
Ah! laisse-moi, du moins, par mon abaissement,
Prévenir les arrêts que dicte ta vengeance;
La perfide Judith demande un châtiment,
Et rejette l'honneur conquis par l'innocence....

ANNE.

De ces amers regrets quel est le sens caché?

JUDITH.

J'ai failli!... Mon orgueil trompa l'œil d'une mère;
Mais un aveu tardif, à la honte arraché,
Trahira la noirceur d'une âme avide et fière.
Ce malheur, qu'au hasard vous avez imputé,
Fut l'effet criminel d'une odieuse envie....
Le coup que l'on déplore, ah! je l'ai médité;
A mes lâches penchants je me suis asservie.
Qu'on me fasse subir les rigueurs de la loi,
Je ne mérite plus d'habiter cette enceinte:

Mais, en me repoussant, Seigneur, pardonne-moi,
Et détruis pour toujours cette fatale empreinte.

ANNE.

Ce repentir fervent touche et fléchit mon cœur....
Pourtant, je dois en Dieu recueillir ma pensée....
Oui, cette faute est grave; et votre humble douleur,
Du devoir de sévir m'a-t-elle dispensée?

MARIE, en joignant les mains.

Ah! ne refusez pas le décret du pardon :
Le Ciel l'a prononcé; nos soupirs le demandent.
Du soin de se venger Il a fait l'abandon....

ESTHER.

Les droits qu'elle a perdus, ses larmes les lui rendent...

RACHEL.

Ma mère, ses regrets ont lavé son erreur...

SARA.

Par sa confusion elle est assez punie...

JUDITH.

Eh quoi! vous défendez votre coupable sœur?

MARIE.

Nous fut-elle jamais plus tendrement unie?

ANNE.

Judith, relevez-vous; Marie a triomphé;
En plaidant votre cause, elle a vaincu mes craintes.

Ce trait de sa douceur n'a-t-il point étouffé
Le penchant dont votre âme a subi les étreintes ?

JUDITH.

Cet oubli généreux fait croître mon remords !...
S'approchant de Marie et lui offrant sa ceinture.
Hélas ! devant votre art cette œuvre est sans mérite ;
Mais souffrez que j'y trouve un remède à mes torts...
Qu'elle orne, en votre nom, la pompe israélite...
Ou que ne puis-je encor rendre son vif éclat
A cette noble pourpre, un moment détestée !...

ESTHER.

Il suffirait, Judith, qu'un Dieu d'amour parlât;
Quand une humble demande est-elle rejetée ?

SUZANNE.

Entre toutes, Marie est chère au Roi des cieux ;
Pour elle il ouvrira ses trésors de puissance...

RACHEL.

Qui de lui tout espère, est-il présomptueux ?
Prions, car nos désirs obligent sa clémence.

JUDITH, levant les yeux au ciel.

J'ai pleuré devant toi : tu me rends ta faveur ;
Mais de ma lâcheté je retrouve la trace...
Elle couvre la broderie d'un des pans du manteau de Marie.
Par le nom qui du tien rappelle la douceur,
Efface la souillure, œuvre de mon audace !...
Toutes prient; Marie se défend avec grâce ; Judith retire la broderie, et l'offre à tous les regards ; le prodige est opéré.

ANNE.

O touchante bonté, digne de sa grandeur !
Il pare ces dessins de leur beauté première !...

MARIE.

Seigneur, par ce prodige, émané de ton cœur,
Tu montres le pouvoir d'une ardente prière.

On entend le timbre des lévites. Anne place la ceinture de Marie dans la
corbeille des vêtements sacerdotaux, qui est portée jusqu'au tour par Esther et Judith voilées. Anne avance la première, elle tire le rideau ; on
aperçoit deux lévites derrière la grille.

SCÈNE VIII

LES MÊMES, DEUX LÉVITES.

Ier LÉVITE.

Bientôt le Saint des Saints laissera pénétrer
Le ministre du ciel, chargé de notre offense ;
Pour son peuple, il gémit ; et sa voix vient jurer
D'affermir, en Sion, l'éternelle alliance.
Mais avant que la foule accoure vers l'autel,
Nous venons réclamer les augustes insignes,
Avec les dons pieux qu'offrent à l'Éternel
Celles que leurs efforts peuvent en rendre dignes.

Anne fait passer au tour la corbeille.

IIe LÉVITE.

Cette noble ceinture honore vos travaux.

Quelle main sut créer sa riche broderie,
Qui des tissus du temple égale les plus beaux ?

ANNE.

L'offrande de ce jour est l'œuvre de Marie.

IIe LÉVITE.

Nom trois fois glorieux ! il sera prononcé,
Au son de mille accords, devant l'arche très-sainte.
Vierge heureuse en Juda, que d'honneur amassé
Sur ce nom jusqu'ici caché dans cette enceinte !

Les lévites sortent.

SCÈNE IX

LES MÊMES.

ANNE.

Mes filles, méditez cette grande leçon...
Oui, la miséricorde a vaincu la justice ;
Pourtant, du repentir présentez la rançon.
Le ciel a pardonné : mais que l'âme gémisse.
Si la reconnaissance excite ses transports,
Que la chute réveille une sainte amertume.

JUDITH.

Mes sœurs, votre ferveur aidera mes efforts ;
Qu'aux bûchers de ce jour ma faute se consume.

S'adressant à Marie.

Vous que trop tard, hélas! je connais, je chéris,
Usez pour moi des droits d'avocate puissante.....

MARIE.

Ah! les bienfaits d'en haut vous seront départis,
Par les droits dont jouit l'âme humble et repentante.

Les clairons, les trompettes annoncent le sacrifice.

ANNE.

C'est l'heure où, sur l'autel, des victimes de paix
Vont briser en Juda le glaive des vengeances.
Le bras, prêt à frapper, n'a plus que des bienfaits;
L'objet de sa colère obtient ses complaisances.
Par un long cri d'amour ces murs sont ébranlés :
La foule, pour son Dieu, trouve un brûlant hommage.
Mais, qu'offriront des cœurs à sa gloire immolés?
De leurs élans divins quel sera le langage?
Aux pieds du Roi des rois, enfants, prosternez-vous :
Il appelle les vœux de sa tribu chérie.
Que la plus jeune ici les présente pour nous ;
Qu'ils s'élèvent au Ciel par la voix de Marie...

Toutes se prosternent; Marie domine le tableau.

MARIE.

O Dieu de majesté, prends et reçois les dons,
Que ta prodigue main prête à notre faiblesse!
Tu nous as tout donné, mais nous te le rendons :
Notre âme a soif, Seigneur, d'exprimer sa tendresse.
Ah! nous ne vivons plus; toi seul, tu vis en nous ;
Grave un sceau sur nos cœurs, celui de ton empire.

Dans ton sein s'abîmer, c'est leur droit le plus doux.
Ne leur réserve rien ; car tu sais leur suffire.
Pour gagner tes bienfaits on dresse des autels ;
Tu demandes du sang pour expier nos crimes.
Vois nos ardents désirs, épargne les mortels.
Nous nous offrons à toi ; nous sommes tes victimes.
Mais tes yeux ont cherché la pure oblation,
Qui seule apaisera ta justice irritée,
L'offrande du pécheur, du fils d'adoption,
Tu veux que, par ton Christ, elle soit présentée... .
Tardera-t-il longtemps, ce Désiré des cœurs,
L'espoir du peuple saint, le salut de la terre ?
S'il faut attendre encor son règne et ses faveurs,
Ah ! donne-nous, du moins, son admirable mère.

CHOEUR FINAL

Les lévites et le peuple chantent dans l'intérieur du temple ; les vierges de Sion répondent à leurs chants.

LES LÉVITES.

Peuple, apporte au Très-Haut tes vœux et tes victimes :
C'est l'heure du pardon.
Le Maître de Juda veut oublier tes crimes ;
Mais invoque son nom.

LES VIERGES.

A-t-il ouvert les cieux ? a-t-il montré sa gloire ?
Son Verbe, son Elu, paraît-il en Sion ?

LES LÉVITES.

Peuple, entonne un cri de victoire...
Contemple au loin ce pur rayon :
C'est l'aurore du jour de ta rédemption.

LE PEUPLE, dans le lointain.

Pourquoi ce doux éclat se voile-t-il encore ?
Lève-toi, noble aurore ;
Annonce le soleil divin.

LES VIERGES, seules.

Il va briller enfin ;
Mais l'astre qui le révèle,
Doit s'effacer au matin,
Devant sa lumière éternelle.

LES LÉVITES.

Peuple, apporte au Très-Haut tes vœux et tes victimes :
C'est l'heure du pardon.
Le Maître de Juda veut oublier tes crimes ;
Mais invoque son nom.

LE PEUPLE.

Nos bûchers sont ardents : ah ! quelle est notre offrande ?
L'agneau du sacrifice est-il dans Israël ?

LES LÉVITES.

Le temps est venu : qu'il descende,
Et que l'amour le fixe à l'angle de l'autel !

LES VIERGES.

Agneau plein de douceur, il se tait, il s'immole.
Dieu repoussait nos dons. Il a dit : Me voici.
Mais de sa divine auréole,
Tout l'éclat s'est obscurci.

LES LÉVITES.

Peuple, entonne un cri de victoire.
C'est l'heure du pardon ;
Emmanuel voile sa gloire,
Et devient ta rançon.

TOUS.

Dieu puissant, nous t'offrons l'adorable victime :
C'est l'heure du pardon.
De ton peuple choisi daigne effacer le crime :
Voici notre rançon.

FIN DU TROISIÈME ACTE.

Ps. 133 (Héb. 134).

1. — Innè barečŏū ét-adonāï' col-avdé adonāï | haome-
diͫ bevéth-adonāï' baléloͭh. —

2. — Séou-iédéčēm' qōdéch | ouvarečŏū 'éth-adonāï.—

3. — Ievaréččā adonāï' mitzioͫ | osé chamaïm' vaarétz.

S est dur comme dans *sage*. — č-dur comme dans le toscan *cosa*,
le *ch* dur allemand.

th = th anglais dans *this*. — ch = ch français dans *chose*.

e = eu français dans *heure*. — é = é français.

Le trait perpendiculaire indique le milieu du verset : le trait ho-
rizontal indique l'accent tonique.

CHANT DES RABBINS.

Les pauses correspondent aux virgules et aux traits perpendicu-
laires ; on peut multiplier ou diminuer le nombre des notes selon le
nombre des syllabes. Il n'y a pas de mesure.

MÊME LIBRAIRIE

Mater Admirabilis ou les quinze premières années de Marie Immaculée, par l'abbé MONNIN, auteur de la *Vie du curé d'Ars*.   3 fr.

Le même ouvrage paraitra traduit en italien pour le mois d'octobre.   3 fr.

CHEZ **TOLRA et HATON**, 68, RUE BONAPARTE.

Recueil de musique : **Les Parfums de la Mère Admirable**, Cantiques, Litanies et Motets, par M. l'abbé W. MOREAU, professeur et organiste au séminaire de Montmorillon (Vienne). 1 volume grand in-8 illustré, net. 2e édition.   10 fr.

OBJETS DE DÉVOTION A MATER ADMIRABILIS

CHEZ **ENGELMANN**, 12, RUE DE L'ABBAYE.

Vitrail de Mater Admirabilis (diaphanie) 52 cent. de haut. 5 fr. 50

Tableau   id.   (chromolithographie)   id.   5 fr. 50

CHEZ **MARCHANT**, 43, BOULEVARD DU TEMPLE.

Statuette de bronze de Mater Admirabilis 35 centimètres de hauteur.   150 fr.

CHEZ **VACHETTE**, QUAI DES ORFÈVRES.

Médailles grandes et petites de Mater Admirabilis.

Dépôt de médailles de Mater Admirabilis, frappées à Rome, en argent, bronze et cuivre.

CHEZ **PANNIER**, 21, RUE DE SÈVRES.

Photographies de petites grandeurs de Mater Admirabilis.

CHEZ **LETAILLE**, 13, RUE GARANCIÈRE.

Images de Mater Admirabilis. Coloriées, la douzaine. 6 fr. noires, le cent.   10 fr.

CHEZ **BOUASSE-LEBEL**, 29, RUE SAINT-SULPICE.

Images de Mater Admirabilis, avec prière et origine de cette dévotion au revers, le cent.   10 fr.

Grandes lithographies de Mater Admirabilis.

Statuettes, chromo.

CHEZ **THIBOUST**, 56, RUE NOTRE-DAME-DES-CHAMPS.

Grandes photographies de Mater Admirabilis et Vitrail photographié.

CHEZ **ANGIOLINI** fils, 31, RUE DE SÈVRES

Statuette plastique de diverses grandeurs.

Dépôt de médailles de Rome en argent, bronze et cuivre.

Gravures en taille-douce.   2 fr. 50

En plus, ANGIOLINI fait la commission générale de tous les objets ci-joints indiqués ; on les trouve réunis en son magasin.

PARIS. — IMP. DE V. GOUPY ET Cie, RUE GARANCIÈRE, 5.

www.ingramcontent.com/pod-product-compliance
Lightning Source LLC
LaVergne TN
LVHW021809170726
843503LV00007B/3111